LES
TEMPS PRÉHISTORIQUES

DANS

LE DÉPARTEMENT DE L'HÉRAULT

PAR

CAZALIS DE FONDOUCE
PRÉSIDENT DE LA SOCIÉTÉ ARCHÉOLOGIQUE

Extrait de *Montpellier Centre d'Études Méditerranéenne*
Volume publié à l'occasion du 46ᵉ Congrès de l'A. F. A. S.
Montpellier 1922

MONTPELLIER
IMPRIMERIE FIRMIN ET MONTANE
—
1922

LES
TEMPS PRÉHISTORIQUES

DANS

LE DÉPARTEMENT DE L'HÉRAULT

PAR

CAZALIS DE FONDOUCE

PRÉSIDENT DE LA SOCIÉTÉ ARCHÉOLOGIQUE

Extrait de *Montpellier Centre d'Études Méditerranéenne*
Volume publié à l'occasion du 46ᵉ Congrès de l'A. F. A. S.
Montpellier 1922

MONTPELLIER
IMPRIMERIE FIRMIN ET MONTANE
—
1922

LES TEMPS PRÉHISTORIQUES

par M. CAZALIS DE FONDOUCE

Président de la *Société Archéologique de Montpellier*

L'espace attribué dans ce volume à l'Archéologie préhistorique ne nous permet pas d'entrer dans
de longs détails sur toutes les rencontres de monuments ou d'objets, se rattachant à la préhistoire,
trouvés dans le département de l'Hérault. Nous
nous bornerons donc à les passer rapidement et
sommairement en revue, nous contentant d'insister
seulement sur ceux qui ont été reconnus dans ces
dernières années.

Ceux de nos collègues qui s'intéressent plus par-
ticulièrement à la préhistoire trouveront dans un
volume publié il y a quelques années, sous le titre
de l'*Hérault préhistorique* (1), tous les détails rela-
tifs aux connaissances déjà acquises dans notre région à cette époque.

I. — LE PALÉOLITHIQUE

Les terrains tertiaires, tant *miocènes* que *pliocè-
nes* du département de l'Hérault, n'ont fourni au-

---

(1) *Géographie du département de l'Hérault*, t. II, première
partie, 187 p. in 8°. Montpellier 1900. Publié par la *Soc. lang.
de Géogr.*

cune observation analogue à celles qui ont été faites ailleurs, dans le Centre de la France, en Portugal ou en Italie, et qui ont donné lieu à de nombreuses controverses sur l'existence de l'Homme à ces époques reculées. Nous n'avons donc rien à en dire ici.

Il en est de même de ces éclats, considérés comme pouvant avoir été utilisés par l'homme primitif, qui sont désignés ailleurs sous le nom d'*éolithes*.

La première pierre vraiment taillée et portant incontestablement la trace du travail humain est le *coup de poing Chelléen*. Chelles et Saint-Acheul ne sont pas les seules localités qui aient fourni de ces instruments primitifs. Il en a été recueilli dans les vallées de la Loire, de la Garonne, de l'Ariège et du Tarn, mais, dans le bassin du Rhône, il n'avait rien été trouvé de semblable au-dessous de Lyon, jusqu'au jour, assez récent (1907) où M. le docteur Marignan a fait connaître des quartzites présentant des traces de travail, trouvés par lui dans les environs de *Saturargues* (Hérault) (1). Ces grossiers instruments, taillés à grands éclats, en forme de pointes, présentent l'aspect des *coups de poing* et paraissent bien représenter chez nous l'époque *chelléenne* ou peut-être même *préchelléenne*.

Les régions calcaires de notre Département (Ganges, le Minervois, Saint-Pons, Lunel-Viel, la Gardiole) comptent par centaines les cavernes remplies de limons et d'ossements. Les unes sont remplies par le limon rouge des plateaux. Leur remplissage paraît par suite dû à une cause générale,

---

(1) *L'homme préhistorique*, n° du 1er février 1907, p. 38-42.

tandis que les autres, au contraire, sont remplies par un limon d'origine tout à fait locale. Les premières renferment les restes d'une faune plus ancienne que celle des secondes, au milieu desquels on n'a jusqu'ici retrouvé que peu de vestiges bien certains de l'existence contemporaine de l'homme dans notre département.

Dans la grotte de la *Coquille,* à Minerve, les fouilles de M. Gaston Gauthier ont permis à M. Rivière de constater, au-dessous de la Stalagmite, mais au-dessus du niveau contenant des restes de l'ours des cavernes, un niveau intermédiaire, dans lequel sont associés aux ossements d'Ours des Silex *Moustériens,* ainsi que des ossements de Renne. M. Rivière a recueilli neuf silex de ce type, tous généralement assez grands, plus ou moins retouchés sur les côtés. A l'exception d'un seul, ce sont tous des pointes. Il a de plus exploré une grotte, située presque en regard de la précédente, et y a trouvé six silex moustériens et d'assez nombreux éclats, associés à des ossements d'Ours, de *felis spelœa* et de Renne.

Après le Moustérien, nous avons trouvé dans notre département le *Solutréen* représenté dans la couche profonde de la grotte du *Col de Gigean,* dans la Gardiolle, découverte et explorée par M. Munier, de Frontignan. C'est une fente du rocher très étroite et de peu d'étendue.

Dans la partie profonde, on rencontre une couche d'argile rouge avec des ossements d'ours, recouverte par une brèche stalagmitique noirâtre renfermant des fragments anguleux de la roche, des éclats de silex, des ossements de cheval et d'un ruminant qui pourrait bien être le renne. C'est à cette brèche que paraissent devoir être rapportés certains éclats de silex et des pointes de lance *solutréennes*, que M. Munier dit avoir trouvés au fond de la grotte avec de nombreux ossements de cheval.

Pour les époques suivantes, *Aurignacien* et *Magdalénien*, notre département est un peu plus riche, bien que nous n'y ayons rien trouvé d'analogue aux trouvailles de la Commission archéologique de Narbonne dans la grotte de Bize, département de l'Aude, ou à celles que j'ai faites à la grotte de la Salpêtrière, dans la vallée du Gardon, département du Gard. Les hommes qui ont laissé des traces aussi remarquables dans deux départements voisins ont certainement dû fouler aussi le sol de celui qui leur sert en quelque sorte de trait d'union, et il est infiniment probable que des rencontres heureuses permettront un jour de compléter les données que nous avons déjà à cet égard.

On trouve, en effet, dans différentes grottes de l'Hérault, des éclats de silex dont les formes rappellent celles de l'*Aurignacien* et du *Magdalénien*, associés à des ossements d'animaux de ces époques. C'est à celles-ci qu'il faut rapporter notamment les silex de la grotte de *La Roque*, près de Ganges, associés à des ossements de bœufs, de cerf, de bouquetin et d'égagre, et une partie de ceux de l'*Aven Laurier*, cavité voisine, et de la *Baoumo-Douço*, située à peu de distance des deux précédentes, vers Saint-Bauzille-du-Putois.

Le sol de cette dernière, recouvert d'une couche de stalagmite, est formé d'un limon jaune dans lequel on a trouvé des silex taillés des mêmes types que ceux de La Roque, un poinçon en os, une alène faite avec une longue dent de ruminant, des ossements de bœuf et d'une grande chèvre, ainsi que des fragments de poterie très grossière, épaisse, noire, à grains quartzeux ne paraissant pas avoir été cuite. Ceci nous amènerait à une époque un peu plus récente, à une de ces époques de transition dans l'industrie desquelles le cerf a remplacé le renne.

Peut-être faut-il rapporter à une de celles-ci les foyers reconnus par M. Sahuc dans l'une des trois grottes du *Pont-de-Ratz*, près de Saint-Pons, où il aurait trouvé des ossements et des poinçons en corne de cerf.

Lorsque le renne eut disparu et que nos artisans de l'époque *Tourassienne* n'eurent plus à leur disposition que les cornes du cerf élaphe, qui ne se prêtaient pas, de la même façon, au travail, et ne leur permettaient d'obtenir que des instruments imparfaits, ils durent revenir au silex et, abandonnant la taille moustérienne, qui avait persisté jusqu'à eux et ne permettait pas la fabrication d'instruments aussi parfaits et aussi délicats que la taille solutréenne, ils s'efforcèrent de renouer la tradition de celle-ci. Ce fut le commencement des temps néolithiques, qui coïncide avec l'établissement du climat actuel et de la faune des temps modernes. Toutefois, certaines formes magdaléniennes persistèrent encore quelque temps, donnant notamment naissance à ces silex de forme géométrique, signalés par Adrien de Mortillet à la *Fère-en-Tardenois* et qu'on retrouve dans diverses stations du Nord.

Nous avons trouvé de ces silex à forme géométrique dans la station en plein air de *Sauret*, située sur les bords du Lez, en face du moulin de ce nom. Toutefois, ils y sont tellement associés à d'autres restes, plus nombreux, franchement néolithiques, qu'il me semble difficile de les en séparer.

II. — LE NÉOLITHIQUE

Dans le cours de la période à laquelle nous sommes arrivés maintenant, nos prédécesseurs, devenus pasteurs et cultivateurs, ont été amenés à se fixer et à se créer des abris permanents dans les lieux où la nature ne leur en fournissait pas. Certaines grottes ont bien encore été habitées, mais elles ne sont plus les seules habitations. Les hommes se construisent des abris avec des branches coupées aux arbres des forêts voisines; mais comment ces huttes légères seraient-elles parvenues jusqu'à nous? On en trouve pourtant quelques restes qui ont été décrits sous le nom de « fonds de cabanes », et les emplacements sous celui de « stations en plein air ». En même temps, à mesure que les cavernes naturelles sont abandonnées par les vivants, elles deviennent la dernière habitation des morts.

Grottes habitées

Les Baumelles (canton de Ganges). — Ce sont trois petites grottes, non loin de Ganges, sur la crête de la montagne qui domine à gauche le ruisseau de Rieutort. Une seule semble avoir servi d'habitation.

Vallée du Vidourle. — Deux grottes étudiées par M. le docteur Marignan, dans les communes de Villetelle et de Petit-Galargues.

Grotte de la Madeleine, commune de Villeneuve-les-Maguelone. Une belle grotte, déjà connue par la rivière qui s'étend sous ses voûtes et par le gaz acide carbonique qui s'y dégage à certaines époques de l'année. Fouillée par M. Munier et par moi. Située près du rivage des étangs, elle a dû servir d'habitation à l'époque néolithique pendant assez longtemps, à une population qui demandait à la pêche une des principales ressources de son existence, car les restes de poissons y sont très abondants, ainsi que les coquilles marines. Elle a reçu ensuite une sépulture à l'époque du bronze.

Grottes de la Vézelle, canton d'Olargues. — En amont du hameau de Julio, sur les bords du Jaur. Ces grottes ont été exploitées par MM. Miquel et Sahuc, qui y ont rencontré des foyers d'une grande richesse en ossements, poteries et objets divers, parmi lesquels des haches polies, des bois de cerf travaillés, des aiguilles, des pointes de silex, des emmanchures de hache.

Grotte le Poutil, canton de St-Pons. — Dans une assise intermédiaire, au-dessus d'une couche à ossements d'ours, M. Paul Gervais signale des silex taillés, des haches polies, des poinçons en os, des emmanchures de hache en bois de cerf. Dans la partie superficielle, on a rencontré des objets de l'époque romaine et même d'époques plus récentes.

G. du Poussarou, canton d'Olargues. Explorée par MM. Miquel et Villebrun, qui y ont récolté des haches polies en jade, quartzites et grès, des couteaux et des pointes de flèche en silex, des dents de cerf et de renard percées près de la racine d'un trou de suspension, etc.

G. de Camprafaud, canton d'Olargues. Située au sommet de la montagne qui domine les gorges du Poussarou, elle présente des foyers préhistoriques d'une grande épaisseur, mais peu riches en débris d'industrie.

G. de Caudanières, canton d'Olargues. Ses foyers très étendus ont fourni à M. Miquel des poteries, des os travaillés, des lames de silex, une petite hache en jade, etc.

G. du Rec des Balmes, canton d'Olonzac. Elles sont au nombre de quatre et ont été explorées en 1890 par M. Sicard, de Rivière, et le capitaine Savin.

G. de l'Abeuradou, canton d'Olargues. Cette grotte a été à peu près complètement fouillée, mais on ignore ce que sont devenus les produits de ces fouilles. M. Miquel a pu néanmoins y glaner encore des poteries, des éclats de silex et des poinçons en os.

Les montagnes des arrondissements de Saint-Pons et de Lodève renferment encore un grand nombre d'autres grottes, qui ont été fréquentées par l'homme préhistorique, dont plusieurs n'ont certainement jamais été fouillées Pour celles de l'arrondissement de Saint-Pons, nous ne pouvons que renvoyer au travail si complet de M Miquel (1).

----

(1) J. MIQUEL, *Essai sur l'arrondissement de Saint-Pons*, dans *Bull. de la Soc. lang. de Géographie*, t. XVII.

Huttes et Cabanes

La destruction, par le temps ou par le feu, des huttes en branchages n'a laissé d'autres traces que des amas de cendres, parmi lesquels des restes de repas, des fragments de poterie, et des objets d'industrie cassés ou égarés. Ces amas sont désignés généralement sous le nom de *Stations en plein air*.

Parmi ces stations de notre département, je citerai celle de *Sauret*, sur les bords du Lez, exploitée en 1872 par M. Planque, aujourd'hui détruite par les travaux qui ont été faits sur ce terrain. J'en ai déjà parlé plus haut.

Celle de la *Roubine de Vic*, voisine de la grotte de la Madeleine, a donné à M. Munier, parmi des cendres de foyer, de nombreux ossements calcinés, un beau grattoir et d'abondants éclats de silex, des fusaïoles, etc. Le même explorateur a signalé plusieurs autres stations dans les environs de Frontignan.

L'endroit de la commune de *Cruzy*, où MM. Phalippou et Rouanet trouvèrent en 1892 de remarquables couteaux en silex, était probablement une station en plein air.

Peut-être aussi un grand nombre des objets trouvés isolément à la surface du sol proviennent-ils de stations semblables, sur lesquelles aucun signe extérieur n'attire l'attention des chercheurs. Le nombre des objets de l'époque néolithique trouvés isolément dans toutes les parties du département de l'Hérault, aussi bien dans les plaines du littoral que dans les régions montagneuses, est trop grand pour qu'on puisse les indiquer tous ici.

Les cabanes, consistant en un trou peu profond creusé dans le sol, limité par quelques assises de pierres grossièrement assemblées et offrant sur le fond une ou deux dalles sur lesquelles était établi le foyer, le tout recouvert de branchages, ont laissé des traces plus sensibles. Ce sont les *fonds de cabane,* qui ont la plupart du temps échappé à l'attention des explorateurs.

L'enceinte de dalles signalée par M. Munier près de la *Roubine de Vic,* non loin des stations en plein air dont nous avons déjà parlé, pourrait, peut-être être considérée comme appartenant à ce groupe, mais c'est à lui, bien certainement qu'appartient l'ensemble que j'ai rencontré dans la commune de Villeveyrac, sur les garrigues de mon domaine de *Fondouce.* A 0 m. 75 de profondeur je trouvai le fond de la cabane constitué par le sol naturel et des dalles. Des pierres amoncelées à droite et à gauche formaient deux grossières parois qui, dirigées l'une vers l'autre, se rejoignaient à angle à peu près droit. Dans les déblais, qui furent extraits au cours de cette fouille, je recueillis de nombreux fragments de poterie, des grès ayant servi de meules et un grand nombre de silex, parmi lesquels des grattoirs et un de ces silex de couche, plats, amincis sur les bords au moyen de petites retouches, comme ceux que j'avais retrouvé en si grand nombre dans la grotte des morts de Durfort.

M. Miquel a observé des emplacements d'anciennes habitations dans l'arrondissement de Saint-Pons. Il les décrit ainsi: « Dans nos Causses on peut remarquer parfois, au milieu du plateau cailouteux, une légère dépression circulaire, généralement marquée par la vigueur et la couleur plus sombre de la végétation. Si l'on fouille un peu le sol, on trouve des cendres et des fragments d'anciennes poteries ». Il cite parmi les localités qui lui ont présenté cette particularité: la *Tuilière*, près d'Assignan, et un lieu entre la *Roueyre* et *Barroubio* sur les limites des départements de l'Aude et de l'Hérault.

C'est à un type sensiblement différent qu'appartiennent les excavations observées par M. Munier au lieu dit les *Pielles*, près de Frontignan. On y trouve des fosses creusées jusqu'à 2 m. 50 de profondeur. La base de ces puits, plus large que l'ouverture, est constituée par une couche épaisse d'un conglomérat fort dur de blocs de calcaire, ayant subi l'action du feu. Des coquilles de Vénus et d'huitres, de nombreux fragments de poterie grossière et d'ossements divers, parmi lesquels des morceaux de bois de cerfs, sont associés dans les déblais qui recouvrent ce fond.

Grottes sépulcrales

Les grottes ayant servi de sépulture à l'époque néolithique sont en grand nombre dans le département de l'Hérault. Elles sont souvent situées dans le voisinage des grottes d'habitation, et quelquefois celles-ci contiennent même des sépultures.

Au *Pont de Ratz*, près du hameau de la *Garrigue Noire*, dans le canton de Saint-Pons, M. J. Sahuc signale deux grottes, l'une ayant servi d'habitation et l'autre de sépulture.

Près de la grotte à habitation des *Baumelles*, dans le canton de Ganges, MM. Boutin et Jeanjean en signalent deux autres qui ont uniquement servi de sépultures.

Dans la grotte de l'*Aven Laurier,* près de Ganges, on trouve un habitat avec foyer, cendres, débris de poterie, etc., et, dans une autre partie de la même grotte une sépulture, dans laquelle M. Boutin a reconnu la présence des restes de huit individus.

A la *Madeleine,* commune de Vic, dans les dépôts provenant d'une longue habitation à l'époque néolithique, j'ai constaté les vestiges d'une sépulture de l'âge du bronze.

Dans la grotte du *Col de Gigean,* dont les couches profondes recélaient des restes des temps moustérien et solutrien, M. Munier a retiré des ossements humains de la couche sus-stalagmitique.

MM. Miquel, Sahuc, Sicard, Boutin, Jeanjean et d'autres ont encore exploré et fouillé des grottes sépulcrales au *Pont de Ratz, Rassendens, Dieuvaille,* dans le canton de Saint-Pons ; au *Roc des Balmes,* à *Bonnefont,* canton d'Olonzac ; à *la Colombeyre* et aux *Pères,* canton de Saint-Chinian ; dans les communes de *Quarante,* canton de Capestang ; de *Parlatges,* canton de Lodève ; de *Baillargues,* canton de Castries ; à *las Lecos,* canton de Ganges ; à *Caramaou,* canton de Roujan, etc.

III. — LES MÉGALITHES

Au cours des temps du néolithique, nous voyons apparaître les *Mégalithes: dolmens* et *menhirs.* Il ne nous appartient pas ici de rechercher leur origine, mais seulement d'indiquer ceux de ces mo-

numents en grandes pierres, dont les premiers ont
été incontestablement des sépultures, qui se rencon-
trent dans le département de l'Hérault.

Dolmens

J'en ai donné l'inventaire, commune par com
mune, dans l'*Hérault préhistorique*. Cette longue
liste ne pourrait pas trouver sa place ici. Je dois
me borner à mentionner les deux plus notables, qui
sont le grand dolmen de la *Prunarède*, dans la
commune de Saint-Maurice, déjà décrit et dessiné
par Renouvier en 1861, et celui du Belvédère de
Grammont, dans la commune de Soumont, qui présente la particularité remarquable d'avoir, dans le
support méridional, une ouverture en forme de
gueule de four, particularité sur laquelle nous au-
rons à revenir plus loin.

Le total des dolmens connus en 1900, dans notre
département, s'élevait en 171 certains, plus 13 dou-
teux, ce qui plaçait l'Hérault au cinquième rang
après l'Aveyron, le Morbihan, le Lot et l'Ardèche,
et avant le Finistère, la Lozère, le Gard, les Côtes-
du-Nord, la Dordogne et la Vendée. Depuis lors
j'ai reconnu et signalé (1913) quatre nouveaux dolmens.

Lorsque, ayant sous les yeux une carte de la partie du département de l'Hérault, comprenant les
arrondissements de Montpellier et de Lodève, on
cherche à y situer les dolmens connus, on s'aperçoit
tout de suite qu'ils forment, au sud, un alignement
qui, partant des abords du Pic de Saint-Loup, à
Cazevieille et Saint-Jean-de-Cuculles, passe par les
Matelles, Combaillaux, Murles et Vailhauquès.

Cette ligne longe, sur leur lisière, les garrigues qui bordent le riche vignoble montpelliérain et, à la faveur de promotoires et d'ilôts émergeant de ce vignoble, descend, par Saint-Georges-d'Orques et Frontignan, jusque sur le rivage de la Méditerranée. Remontant en même temps vers le Nord, elle va rejoindre par Puéchabon et Saint-Guilhem-le-Désert, la vaste région, si riche en dolmens, du Larzac. A son autre extrémité, à l'Est, remontant aussi vers le Nord, elle va, par Brissac, rejoindre la région des Causses du Gard, qui n'est pas moins bien pourvue en dolmens que celle du Larzac à laquelle elle confine.

Ainsi le circuit est complet, laissant en son milieu une vaste région boisée, dans laquelle il semble qu'aucune exploration n'ait jamais été tentée. La gorge abrupte et profonde de l'Hérault la coupe en deux parties dans le sens de la longueur; celle de Saint-Martin-de-Londres au Sud-Est, celle du Causse-le-la-Selle au Nord-Ouest. C'est dans cette dernière partie que j'ai rencontré quatre dolmens ignorés.

Pourtant pas tout à fait ignorés, car l'un d'eux, le plus grand et le mieux conservé avait été fouillé, mais probablement par des personnes incompétentes qui n'ont pas fait profiter la science de leurs découvertes. Il est infiniment probable que dans ces bois doivent exister d'autres mégalithes qu'il serait intéressant de rechercher et dont plusieurs ont été peut-être déjà reconnus et fouillés sans profit pour nos études.

Les quatre nouveaux dolmens dont j'ai enrichi la liste de notre département, se trouvent dans la commune de Causse-de-la-Selle, près de la ferme de *Moustachou*. L'un d'eux, malheureusement, en partie détruit, présente un intérêt particulier. Il ne subsiste plus de ce dolmen que deux des dalles latérales, qui sont encore dressées mais légèrement inclinées l'une vers l'autre. Tout autour gisent amoncelés de gros blocs provenant de la destruction de ce petit monument, parmi lesquels il en est un qui attire tout d'abord l'attention par sa dimension et par sa forme. Il présente, en effet, sur un de ses côtés une vaste échancrure arrondie à son sommet et offrant l'aspect d'une gueule de four. De toute évidence, nous avons là la dalle qui formait en avant la chambre dolménique, offrant cette ouverture en *gueule de four*, qui est si remarquable dans le dolmen du Belvédère de Grammont.

Menhirs

Les menhirs connus dans le département de l'Hérault sont bien moins nombreux que les dolmens. Comme en général on n'a rien recueilli dans les fouilles faites auprès d'eux, ils ont sans doute moins attiré l'attention.

En 1900, j'en indiquai onze signalés dans trois arrondissements. Depuis lors j'en ai reconnu un autre sur le bord de la route entre Brissac et Ganges.

M. l'abbé Hermet a, dans ces dernières années, attiré l'attention sur certains menhirs présentant des traces de sculpture. Il a retrouvé un grand nombre de ces statues-menhir dans les départements de l'Aveyron et du Tarn. Certaines pierres sculptées du Gard s'en rapprochent aussi.

Dans l'Hérault, on en citait trois comme se trouvant dans la commune de Fraïssé. Connus depuis longtemps, ils n'avaient trouvé leur explication que depuis les découvertes de M. l'abbé Hermet. Il paraîtrait même, d'après une communication récente que m'a faite celui-ci, que l'un d'eux serait plutôt dans le Tarn que dans l'Hérault, ce qui réduirait à deux le nombre de nos statues-menhir. Nous ne retiendrons donc que ceux de *Picarel* et de *Cambaissy* et laisserons au Tarn celui de Triby improprement appelé jusqu'ici de Fabié.

Hypogées

Le mobilier des dolmens appartient chez nous à la fin de l'époque néolithique et même au début de l'âge des métaux, puisqu'on y trouve généralement associés à un ensemble néolithique, de petits objets en cuivre et en bronze. Un mobilier semblable a été retrouvé chez nous dans des hypogées offrant avec les dolmens des différences assez sensibles.

En 1867, je découvris et je fis fouiller au lieu appelé *la Roquette*, dans la commune de Saint-Pargoire, une sépulture d'un type nouveau pour moi (1). Au devant d'une pierre de 3 mètres de largeur, d'une hauteur inconnue, car elle est cassée au-dessus du sol, qui est jonché de ses débris, fichée en terre à 1 mètre de profondeur, se trouvait une fosse trapézoïdale présentant une surface d'environ 9 mètres carrés, circonscrite, d'un côté par le

---

(1) *Bull. de la Soc. d'anthrop. de Paris*, 2ᵐᵉ série, t. VII, 1872, p. 874-879 ; et Congrès préhist. Stockolm, 1874, p. 441-442 et 809-810.

mégalithe dressé et, des trois autres, par des murailles formées de trois assises de grosses dalles posées sur leur lit. Le fond de la fosse était dallé. Le tout, adossé au penchant de la colline et dissimulé sous un tertre gazonné, ne se décelait aux regards que par les parties subsistantes du mégalithe, qui dépassaient encore d'environ 1 mètre au-dessus du sol. Je trouvai dans cette fosse les restes d'environ vingt individus, dont quelques ossements présentaient des traces d'ustion partielle. Au milieu des restes humains, d'ossements d'animaux et de fragments de poterie, je recueillis, entre autres, un magnifique couteau de silex, des pointes de flèche de silex en forme de feuille de saule, des rondelles de Cardium, des pendeloques de divers genres en os, en coquille, en pierre, en dents perforées, quelques perles et pendeloques de métal, cuivre ou bronze, des rondelles et des perles en ambre.

Je suis entré dans ces détails parce que, depuis lors, des hypogées du même genre ont été trouvées dans les Bouches-du-Rhône, et tout dernièrement aux portes même de Montpellier. Le premier de ceux-ci a été rencontré près d'Arles, à l'extrémité du Massif de Montmajour. C'est le mégalithe de Coutignargues, fouillé par le frère Savinien (Siméon Lhermite), alors directeur des écoles chrétiennes d'Arles. Bien que n'appartenant pas au département de l'Hérault, je dois en parler ici parce qu'il se relie intimément à mon sujet.

Le frère Savinien ne nous a pas laissé un récit de ses fouilles et je n'ai vu que postérieurement la fosse ouverte par lui. Cela m'a permis de reconnaître l'exactitude de la description qu'en a donnée M. H. Nicolas qui a assisté aux fouilles (1). Je note que les murettes qui, avec le Mégalithe, circonscrivent la chambre sépulcrale, sont légèrement inclinées l'une vers l'autre « donnant un indice d'un commencement de voûte », parce que nous allons retrouver cette particularité dans celles de Montpellier. Le mobilier qui en a été retiré est franchement néolithique. M. Nicolas note que l'or et le bronze sont absents.

Les hypogées de *Malbosc,* près de Montpellier, ont été découverts tout récemment en labourant une terre pour la planter en vigne. Le propriétaire de cette terre, M. Georges Anduze, a bien voulu avertir de suite la Société archéologique de sa trouvaille, faire vider les fosses et les conserver assez longtemps pour nous permettre de les étudier. Ces fosses sont au nombre de sept. Nous nous proposons d'en faire une étude particulière. Pour le moment il me suffit d'indiquer que la chambre sépulcrale est constituée par une grande pierre dressée et deux murettes à assises de pierres sèches, se rejoignant à l'autre extrémité par une courbe, et dont les assises supérieures, légèrement inclinées vers l'intérieur, présentent, comme à Coutignargues, l'apparence d'un commencement de voûte. Malheureusement, ces fosses avaient sans doute été toutes violées et fouillées dans des temps fort anciens, car nous n'y avons trouvé que des fragments de poterie néolitique, quelques petits débris d'ossements humains parmi lesquels un crâne est la seule pièce importante.

---

(1) *Mém. de l'Acad. de Vaucluse.* t. IX. 1890, p. 214-221.

En rapprochant les observations faites à la Roquette, à Coutignargues et à Malbosc, nous trouvons juxtaposées à un mégalithe dressé, des construction par assises, ainsi que la soumission partielle des cadavres à l'action du feu. Pour retrouver en dehors de nos pays des monuments funéraires analogues, il faut tourner nos regards vers la Sardaigne, où les *tombes de géant* en offrent le prototype. C'est vers la Méditerranée que nos hypogées nous attirent et ils nous font pressentir les visites sur nos côtes, à ces époques lointaines, de navigateurs appartenant aux vieilles thalassocraties méditerranénnes. On pourrait encore faire d'autres rapprochements qui confirmeraient ces vues. Ils trouveront mieux leur place dans un travail spécial.

IV. — LES MÉTAUX

L'âge du cuivre n'est pas représenté dans notre département. Le *Durfortien,* où quelques petits objets de cuivre, se trouvent mélangés dans un ensemble franchement néolithique, n'est qu'une période de cet âge, pendant laquelle on trouve parfois, mélangés au mobilier néolithique, ces petits objets en cuivre ou en bronze. Nous pouvons donc dire que ce mélange montre que le cuivre et le bronze ont fait leur apparition dans le Sud de la France, alors que les populations néolithiques construisaient encore des mégalithes, pour y déposer leurs morts et même ensevelissaient encore ceux-ci dans des grottes.

Nous ne connaissons qu'imparfaitement les sépultures des hommes du bronze, ce qui est dû sans doute à ce qu'ils pratiquaient le rite de l'incinération, de sorte que la conservation de leurs restes, réduits en cendres, a été presque impossible. Je crois pourtant que l'on peut considérer comme une nécropole de cette époque, celle que M. J. Miquel a signalée dans la commune de Beaufort, sous le mamelon de *Costerouge*, où un défoncement profond a rencontré des urnes renfermant des ossements humains carbonisés accompagnés de haches polies, de perles en terre cuite ou en ambre et de « nombreuses parures de bronze qui sont malheureusement presque toutes tordues et déformées par le feu ».

Des haches de bronze ont été trouvées isolément dans la garrigue du *Mas d'Andos,* commune de Villeneuve-les-Maguelone ; à *Agde,* en creusant un puits ; dans les communes de *Lauroux* et de *Dio;* sur la montagne d'*Autenac,* au-dessus de Saint-Pons-de-Thomières. Une pointe de lance a été retirée du Lez, au moulin de *Navitau,* commune de Castelnau ; une belle lame de poignard a été trouvée près de la *Baume-Auriol,* commune de Saint-Maurice ; un poignard avec manche en os, dans la commune de Cournonterral ; des bracelets de types divers dans le bois de Valène, entre Murles et les Matelles, dans les communes de Pignan, de Brissac, de Castries. Sur le causse de *Caillol,* dans la commune d'Aigues-Vives, j'ai ramassé à la surface du sol la pointe d'une belle lame de couteau de bronze, ornée de figures au trait.

Ce qui montre mieux que tout la civilisation de l'âge du bronze bien établie dans notre pays, et ses habitants n'allant pas chercher leurs armes et leurs parures à l'étranger, mais les demandant à une industrie toute locale, ce sont les trouvailles de ces dépôts que l'on désigne sous le nom de *cachette de fondeur.*

Emilien Dumas avait réuni dans sa collection les objets provenant d'une de ces cachettes, trouvée dans la commune de *Vacquières.* Une autre cachette fut trouvée à *Loupian* en 1865. La Société archéologique de Montpellier possède une partie des objets provenant de cette trouvaille, ainsi que ceux de la cachette rencontrée la même année à *la Boissière.*

En 1887, une cachette fut trouvée dans les environs de *Montpellier,* mais les découvertes les plus importantes de cet ordre, sont, sans contredit, celles faites en 1895 à *Bautarès-Péret,* commune de Fontès; en 1898 à *Launac,* commune de Gigean, et en 1885, au tènement de la *Croix de Mas,* non loin de Murviel-les-Béziers.

La cachette de *Bautarès-Péret* se composait de 10.400 grammes de lingots en morceaux et 18.435 grammes d'objets divers, haches, bracelets, etc. La trouvaille de *Launac,* plus considérable encore, consiste en 31.590 grammes de lingots et 20.700 grammes d'objets ou de fragments divers. Nous avons appris dans ces dernières années l'existence d'un autre important dépôt d'objets en bronze trouvés à la *Croix de Mas,* par le don qu'en a fait à notre Société archéologique en 1914, M. Paul Dupin, agent-voyer d'arrondissement, qui les avait recueillis en 1885. Les lingots qui accompagnaient ces objets avaient été vendus à un brocanteur, de sorte que nous ne pouvons pas donner l'indication du poids total de cette trouvaille, mais, par le nombre des objets qui nous sont parvenus, nous pouvons juger que, sans avoir l'importance de celle de Launac, elle égalait au moins celle de Bautarès. Tandis que dans cette dernière la quantité des haches à douille était prépondérante, dans celle de la Croix de Mus, ce sont les objets divers, bracelets, anneaux, talons de lance, qui en constituent la plus grande partie. On peut dire que cet ensemble reproduit en somme celui de la trouvaille de Launac.

La comparaison des objets rencontrés dans ces divers dépôts de notre département, nous amène à constater que les haches à douille carrée y sont de beaucoup les plus nombreuses. Une seule hache à ailerons a été rencontrée à Launac et nous n'avons point trouvé de haches à bords droits, alors que la trouvaille faite à Vauvert (Gard), en 1851, n'avait pas donné moins de 38 haches de ce type.

Les trouvailles de Bautarès, de Launac, de la Croix de Mus ne permettent plus d'émettre des doutes sur l'existence d'une industrie bien méditerranéenne de haches à douille carrée.

Déjà en 1892, à propos de la petite cachette de fondeur des environs de Montpellier, je faisais remarquer que « son principal intérêt me paraîssait être dans le mélange de types et d'objets appartenant à ce qu'on est convenu d'appeler l'*âge du bronze* et le *premier âge du fer* ». L'importante trouvaille de Launac est venu confirmer ces premières impressions et j'ai émis l'opinion qu'il convenait de reconnaître cette transition entre les deux âges du bronze et du fer, de lui donner un nom et j'ai proposé celui de *Launacien*. Il a été accepté par les archéologues et notamment par le regretté Déchelette, qui lui a fait une place dans son Manuel d'archéologie.

Le *Launacien* nous amène ainsi à l'âge du fer, mais celui-ci c'est Hollstatt, c'est la Tène, c'est le Marnien, c'est l'époque Gauloise et c'est déjà de l'Histoire ou du moins de la Proto-histoire. Ce n'est plus du Préhistorique.